Lebe, lache gut.
JOACHIM RINGELNATZ

Wegen Depressionen geschlossen

Gute-Laune-
Büchlein

Ein kleines Lachwerk

gesammelt und mit Texten
versehen von Ulf Annel

mit Zeichnungen von
Lothar Otto

BuchVerlag
für die Frau

ISBN 978-3-89798-340-3

3. Auflage 2013
© BuchVerlag für die Frau GmbH,
Leipzig 2011
Illustrationen: Lothar Otto, Leipzig
Satz und Typografie:
Catharina Ende
Druck: Salzland Druck, Staßfurt
Bindearbeiten: Müller Buchbinderei
GmbH Leipzig

Printed in Germany
www.buchverlag-fuer-die-frau.de

Inhalt

Vorwitziges	6
Lachen ist gesund	12
Lachen und lachen lassen	30
Himmlisches Vergnügen	44
Kichernde Kommas und prustende Punkte	56
Der Philosoph lacht doch	76
Mit Lach und Krach	90
Ein paar Lachtränen	106
Letzte Worte	116
Literatur (Auszug)	124

Vorwitziges
oder
Vor allen guten Launen steht immer das Erstaunen

Menschen lachen gern. Das ist doch ein ganz einfacher Satz, bestehend aus drei unmissverständlichen, klaren Worten. So weit, so gut gelaunt. Sobald man aber über das Lachen nachdenkt, reichen drei Wörter nicht mehr aus. Und guckt man sich dann auch noch um, was die Menschheit so über das Lachen zusammengedacht hat, dann nimmt das Erstaunen kein Ende.

Lachen ist eine ererbte menschliche Ausdrucksbewegung. Aber kein

Mensch lacht ohne Grund, sondern reagiert auf komische Situationen oder Aussagen. Die ein Lachen auslösenden Anlässe sind vielfältig, dementsprechend unterschiedlich, je nach Temperament des zum Lachen Gebrachten, äußert sich das Lachen: wir lächeln, kichern oder schmunzeln, wir können lauthals herauslachen, in brüllendes Gelächter verfallen, uns schenkelklopfend „in die Ecke schmeißen" und uns in Lachkrämpfen winden.

Definitionen über das Lachen findet man sogar in Nachschlagewerken. Dort steht auch: Lachen entwaffnet. Lachen kann Konfliktsituationen entschärfen und dient als Abwehrmechanismus gegen drohende Angstzustände.

Menschen lachen gern. Unmenschen übrigens auch. Allerdings klingt deren Lachen ganz anders. Es gibt also doch sehr unterschiedliche Lachen, auch wenn die deutsche Sprache kein Mehrzahlwort für das Lachen bereithält. Auch Humor und Heiterkeit kommen nicht im Plural vor. Dafür ist aber Lachen oft eine Gemeinschaftsaktion, denn wer lacht schon gern allein im stillen Kämmerlein vor sich hin? Häufig wird zusammen über etwas gelacht oder jemand bringt einen anderen zum Lachen.

Lachen bringt manchmal auch Nachteile. Woran erkennt man einen fröhlichen Radfahrer? An den Fliegen zwischen den Zähnen. Ein Witz, nicht unbedingt nach jedermanns Geschmack.

Und trotzdem ist Lächeln die eleganteste Art, seinem Gegner die Zähne zu zeigen. Und den Widrigkeiten des Lebens zu trotzen. Denn Humor verleiht Stärke, man ist weniger angreifbar. Lachen Sie Ihren Widersacher einfach aus oder an. Wer lachen muss, kann (Ihnen) nicht mehr böse sein.

Das Gute-Laune-Büchlein will Sie beim Zähnezeigen unterstützen, als aufmunternder Begleiter im manchmal nicht so lustigen Alltag, als Trostspender und Mutmacher für unterwegs. Statt Gute-Laune-Pillen einzuwerfen, werfen Sie lieber einen Blick in dieses kleine Lachwerk. Lesen Sie es besser nur häppchenweise, sonst heißt es vielleicht: Lach matt!

Lachen und Lächeln sind Tor und Pforte, durch die viel Gutes in den Menschen hineinhuschen kann.
Christian Morgenstern

Humor ist, wenn man trotzdem lacht.
Otto Julius Bierbaum

Lachen ist gesund

oder

Lachen ist als Zeitvertreib
gut auch für des Menschen Leib

Haben Sie heute schon gelacht? Sollten Sie aber, denn es hilft Ihrer Gesundheit. Lachen kann den Körper ertüchtigen. Mancher hat sich schon schlapp gelacht, vor Lachen den Bauch gehalten und einen Lach-Muskelkater davongetragen.

Wer lacht, bewegt etwa 80 Muskeln, allein 17 davon im Gesicht. Die Stimmbänder schwingen mindestens 280 Mal pro Sekunde. Dies betrifft Männer. Frauen können es doppelt so schnell. Der Lach-Puls

steigt auf 120 Schläge pro Minute. Schön, das alles zu wissen. Wissen ist Macht, aber Nichtwissen macht nicht, dass man weniger lacht.

Lachen ist gesund. Es hat sogar heilende Wirkungen. Der französische Filmkomiker Jacques Tati hat es am eigenen Leib gespürt. Er sei von den Kritikern oft zerrissen worden, sagte er, aber das lachende Publikum habe ihn immer wieder zusammengeflickt.

Lachen ist gesund? Ein wenig Widerspruch ist trotzdem angeraten. In Italien ist laut Zeitungsberichten ein Mann durch Lachen mehrfach in Ohnmacht gefallen. Kardiologen stellten fest: Vor lauter lautem Lachen war sein vegetatives Nervensystem schlicht nicht in der Lage, die Gefäße zusammenzuziehen und für ausreichend Blutdruck zu sorgen.

Die Ärzte empfahlen ihm, künftig nicht mehr so zu lachen. Hoffentlich hat der Mann seine Ärzte ausgelacht. Denn: Humor ist, wenn man's trotzdem macht.

Die Welt, sie ist im Grunde roh,
Und trotzdem sind die Menschen
                                             froh.
Drum lest und lacht – denn,
                    Gott sei Dank,
Es lacht so leicht sich keiner krank.
Doch freuen sollt mich's, wenn
                            durch Lesen
Und Lachen mancher wollt'
                            genesen!

EUGEN ROTH

Wer den Tag mit Lachen beginnt,
hat ihn bereits gewonnen.
SPRICHWORT

Lachen ist eine körperliche Übung,
von größtem Wert für die
Gesundheit.
ARISTOTELES

Jedes Mal, wenn ein Mensch lacht,
fügt er seinem Leben ein paar Tage
hinzu.
CURZIO MALAPARTE

Lachen – die heilsame Bewegung
des Zwerchfells.
IMMANUEL KANT

„Herr Doktor, wohin bringen Sie mich denn?" „Ins Leichenschauhaus."
„Aber ich bin doch gar nicht tot."
„Wir sind ja auch noch nicht da."

Zwei Bazillen treffen sich.
„Lange nicht gesehen."
„Krank gewesen, Penicillin gehabt."

Der Sohn kommt vom Arzt zurück. Die Mutter fragt: „Was sagt der Doktor?" „Er meint, ich habe einen Ödipuskomplex." „Ach was, Ödipus, Schnödipus, Hauptsache, du hast deine Mama lieb!"

Es ist durchaus möglich, daß der Grund für mein humoristisches Empfinden eine mangelnde Bereitschaft zum Leiden ist.
LORIOT

Das Lachen ist so wichtig für das Wohlbefinden wie das Hinterteil zum Sitzen.
PETER USTINOV

Lachen ist gesund, Freude ist Balsam Aber Seelenruhe ist des Lachens Quelle und der Freude Balsambüchse.
HEINRICH PESTALOZZI

Patienten-Merkblatt
von Hans-Joachim Preil (1923–1999)

Humoritas causalis
Zur Heilbehandlung von Patienten, die unter Mangelerscheinungen, dem sogenannten Humoris defectum, sowie Lachstörungen oder Zwerchfellträgheit leiden.

Zusammensetzung
100 ml Lachtränen, 50 mg pulverisierte Kichererbsen, 120 ml Zitronensäure

Anwendungsgebiete
Lustlosigkeit, Freudlosigkeit, Energiemangel, Depression, permanente Müdigkeit

Gegenanzeigen
Gleichzeitige Behandlung mit Präparaten wie dem Otto-Syndrom oder Didi-Mimik-Komplex.

Nebenwirkungen
Während und in den letzten Stunden der Schwangerschaft ist der Arzt zu Rate zu ziehen. Bei Tierversuchen (Affen, Lachtauben, Lachmöwen) wurden keine Mißbildungen erzeugenden Eigenschaften festgestellt. Bei Überdosierung eventuell auftretender Schluckauf. Kinder reagieren auf dieses Präparat vorzugsweise positiv, und es befähigt sie zu größtem Lerneifer.

Dosierungsanleitung
Soweit nicht anders verordnet, wird eine Einzeltherapie, besser aber eine Gruppentherapie empfohlen.

Art der Anwendung
Die Einnahme sollte mit reichlich Flüssigkeit erfolgen. Beginn der Behandlung mit einer Scheibe „H/P-HUMORITAS CAUSALIS" abends vor dem Schlafengehen, zuzüglich eines guten Cognacs oder mehrerer Gläser Sekt (1 bis 7 Gläser).

Dauer der Anwendung
Eine zeitliche Begrenzung ist nicht vorgesehen.

Arzneimittel für Kinder zugänglich aufbewahren!

Liebe Patientin, lieber Patient!
Wenn Sie daran mitarbeiten, Ihr allgemeines Wohlbefinden wirkungsvoll zu verbessern, und wenn Sie sich darüber hinaus bis ins hohe Alter ein „fröhliches Herz" bewahren möchten, dann helfen Sie den Therapeuten Hans-Joachim Preil und Rolf Herricht, indem Sie sich mit Spaß an der Freude dieser „Kur" unterziehen. Mit besten Wünschen für Ihre Gesundheit!

Die besten Ärzte der Welt sind
Dr. Diät, Dr. Ruhe und Dr. Fröhlich.
JONATHAN SWIFT

Lachen ist wie ein Aspirin,
es wirkt nur doppelt so schnell.
GROUCHO MARX

Gold und Lachen können das Alter
zur Jugend machen.
AUS DEM TALMUD

Lachen ist ein starkes, naturgegebenes Anregungsmittel, ein schwungvoller Zugang zum Leben, und wenn wir erst einmal lachen können, dann können wir auch leben.
SEAN O'CASEY

Die Ankunft eines guten Narren in einer Stadt ist wertvoller als dreißig mit Medikamenten beladene Esel.
ORIENTALISCHES SPRICHWORT

Lach dich durchs Leben ...
ROLF HOPPE

Humor ist ein Lebenselixier. Lachen ist die beste Herzmuskelmassage, die es gibt. Ich bin mir sicher, daß manche Filme von Chaplin, Keaton – und vielleicht sogar der ein oder andere von mir – das Leben um mindestens zwei bis fünf Jahre verlängern können.
MEL BROOKS

Der Mensch hat gegenüber den Widrigkeiten des Lebens drei Dinge zum Schutz: die Hoffnung, den Schlaf und das Lachen.

IMMANUEL KANT

Kunstfehler

Von München wurde der Chirurg Ferdinand Sauerbruch nach Berlin berufen, wo er die Leitung der Charité übernahm. Zu seinem Berliner Freundeskreis gehörte Max Liebermann, der ihn auch malte. Sauerbruch war aber ein ungeduldiges Modell, dem die Porträtsitzungen zu lange dauerten. Liebermann ermahnte ihn schließlich mit den berühmt gewordenen Worten: „Sauerbruch, wenn Sie 'nen Fehler machen, dann deckt ihn der jriene Rasen. Een Fehler von mir hängt noch nach hundert Jahren an der Wand!"

Clowner kann sich lohnen

Lachen hilft anscheinend nicht nur in allen möglichen Lebenslagen, sondern sogar beim Kinderkriegen, wie die Ärztezeitung in Berufung auf einen Bericht der BBC berichtete. So wurden israelische Frauen, denen eine befruchtete Eizelle eingesetzt wurde, nach dem Besuch von Clown-Doktoren deutlich häufiger schwanger als Frauen, die keinen Clown-Besuch erhalten hatten. Die BBC sprach angesichts des Erfolgs bereits vom „therapeutic clowning".

Lachen und lachen lassen
oder
Lachen verbieten ist wie Menschen umnieten

Robert Louis Stevenson, der Autor der „Schatzinsel", meinte, dass einige Stämme der Südseeinsulaner nur deshalb ausgestorben seien, weil die christlichen Missionare ihnen das Lachen verboten hätten.

Schrumpft die deutsche Bevölkerungszahl vielleicht, weil wir zu wenig lachen? Oder weil wir so wenig zu lachen haben? Dabei wird hierzulande neuerdings gelacht, bis der Arzt kommt. Manchmal schon, wenn er da ist und Dr. Eckart von

COLTMARIE
und
PECHMARIE

Hirschhausen heißt. Neben all den bekannten Kabarett- und Comedy-Lachtempeln sowie den Lachsendungen in Radio und Fernsehen werden neuerdings auch Lachklubs mit Humortherapeuten angeboten. Wem das Lachen im Alltag „vergangen" ist, der kann es dort wieder erlernen. Wussten Sie, dass die meisten Erwachsenen nur noch 15- bis 20-mal am Tag lachen? (Kinder bis zu 400-mal.) Während der Arbeitszeit reduziert sich das Lachen in manchen Firmen auf 5-mal am Tag. Deshalb sollten wir Menschen das Lachen sehr ernst nehmen. In den 1950er Jahren wurde die Lachwissenschaft, die Gelotologie, begründet. Die Lachforscher fanden unter anderem heraus, dass Lachen das Belohnungsareal im Gehirn aktiviert, und dass durch Lachen Endorphine im Körper ausgeschüttet werden, also Glückshormone mit schmerzstillender, angstlösender, befreiender Wirkung.

Seit 1998 gibt es sogar einen Weltlachtag, der jedes Jahr am ersten Sonntag im Mai gefeiert wird. Seit einiger Zeit treffen sich an diesem Tag auch in Deutschland Lachlustige, um die Botschaft der Freude und des Miteinanders laut herauszulachen.

William F. Fry, amerikanischer Professor der Psychiatrie und Begründer der Gelotologie, hat übrigens einmal gesagt, dass „der Sinn für Humor wie ein psychologischer

Fingerabdruck ist, der es ermöglicht, Rückschlüsse auf die Herkunft, Bildung und das soziale Umfeld eines Menschen zu ziehen. Es gibt keine zwei Menschen, die exakt denselben Humor haben. Und es gibt kein Volk auf der Welt, das gar nicht lacht".

Drum laßt des Zwerchfells
                        Grundgewalt
Am Trommelfell erklingen.
Wem das nicht paßt, der soll
                        uns halt
Am Götz von Berlichingen.
WERNER FINCK

Lachen ist durchaus kein schlechter Beginn für eine Freundschaft und ihr bei weitem bestes Ende.
OSCAR WILDE

Immer ist die Albernheit des Narren der Schleifstein der Witzigen.
WILLIAM SHAKESPEARE

Der Heitere hat immer Recht.
ISAAK BABEL

Lieber einen Freund verlieren als einen Witz.
QUINTILIAN

Lache das Leben an, und es
knurrt zurück.
JEAN PAUL

Ich beeile mich, über alles zu lachen,
um nicht gezwungen zu sein,
darüber zu weinen.
PIERRE AUGUSTIN CARON DE
BEAUMARCHAIS

Alles ist komisch, solange es
jemand anderem passiert.
WILL ROGERS

Nichts wird in Deutschland so ernst
genommen, wie die Vorbereitung
zum Spaß.
HERMANN HÖCHERL

Heiterkeit ist die Vermenschlichung des Ernstes.
GERHARD BRANSTNER

Lachen – Brücke über den Abgrund!
MANFRED HINRICH

Der verlorenste aller Tage ist der, an dem du nicht gelacht hast.
NICOLAS CHAMFORT

Wir lachen nicht, weil wir glücklich sind – wir sind glücklich, weil wir lachen.
MADAN KATARIA,
Erfinder des Lach-Yoga und des Weltlachtages (1. Sonntag im Mai)

Das deutlichste Zeichen von Weisheit ist anhaltende gute Laune.
Michel de Montaigne

Es gibt nichts Notwendigeres als dies: Lachen und Weinen, aber man muß es im rechten Augenblick anwenden; denn ist die richtige Zeit verpaßt, dann sind sie nichts wert.
Pietro Aretino

Gesetzt den Fall, das Lachen stürbe aus, die Menschheit würde ein zoologischer Garten oder eine Gesellschaft von Engeln: langweilig, ernst und von erhabener Gleichgültigkeit.
James Krüss

Ein Mensch

Ein Mensch, man sieht, er ärgert sich,
schreit wild: „Das ist ja lächerlich!"
Der andre, gar nicht aufgebracht, zieht
draus die Folgerung und lacht.

Eugen Roth

*Sagt ein Freund zum anderen:
„Manchmal frage ich mich, was
schlimmer ist: Ignoranz oder
Apathie?" Darauf der andere: „Das
weiß ich nicht, und es interessiert
mich auch nicht."*

Das Paradies verdient, wer seine
Freunde zum Lachen bringt.
AUS DEM KORAN

Lachen ist das Recht des Menschen.
ADELBERT VON CHAMISSO

Hüte dich vor dem Entschluß, zu
dem du nicht lächeln kannst.
HEINRICH FRIEDRICH KARL VOM
UND ZUM STEIN

Laßt ja die Kinder viel lachen,
sonst werden sie böse im Alter!
Kinder, die viel lachen, kämpfen auf
der Seite der Engel.
HRABANUS MAURUS

Der Melan-Komiker

Ende des 19. Jahrhunderts gastierte der Komiker Carlini in Neapel. Das Publikum tobte vor Lachen.
Am folgenden Tag kam ein Patient zum Arzt. Der Patient suchte ein Heilmittel, um seine furchtbare Melancholie zu bekämpfen, die sein Leben rasch verzehrte. Der Arzt riet ihm, die Lebensgeister aufzumuntern, er solle zu Carlini ins Theater gehen. Der Patient erwiderte: Ich bin Carlini.

Das neue Lustspiel in München ist ein Riesenerfolg, jeden Abend ist das Theater ausverkauft. Nur heute bleibt in der vierten Reihe ein Platz frei. Ein Stehplatzbesucher fragt die schwarz gekleidete Dame, die neben dem freien Platz sitzt, ob dort noch jemand kommt oder er sich hinsetzen könne. „Da sollte mein Mann sitzen, aber der ist inzwischen gestorben." „Hätten Sie die Karte nicht einem Freund geben können?" „Das habe ich versucht", antwortet die Dame, „aber die sind heute alle bei der Beerdigung."

Himmlisches Vergnügen

oder

**Es ist oft der Kirche Ernst,
worüber du das Lachen lernst.**

Die Liebe ist eine Himmelsmacht. Ach ja?! Und das Lachen? Ein Bestattungsunternehmer formulierte es so: Wer lächelt, kommt leichter zu den Engeln.

Lachen ist menschlich. Es lacht der Mensch, so lange er lebt. Und der, der da – wie manche glauben – über uns wacht, lacht der auch? Man weiß es nicht, aber man möchte gerne glauben, dass es so ist. Denn wenn man einst dran glauben muss, wäre es doch schade, hätte man nur die Aus-

sicht auf gepflegte Langeweile. Nicht wenige wären dann lieber in der Hölle, wo das sprichwörtliche teuflische Lachen die Erinnerung an fröhliche Erdentage wachhält.

Für Atheisten ist jegliche Religion ein Witz. Aber dass es so viele Witze zu diesem Thema gibt, dürfte nicht nur die Atheisten erheitern. Besonders die strengen Gebote der katholischen Kirche sind oft Zielscheibe spöttischer Witze. Aber auch andere verschiedene Glaubensrichtungen, vom Islam, Judentum bis zum Hinduismus.

Vorsicht scheint hier angebracht, nicht jeder Mensch nimmt eine Mohammed-Karikatur lachend hin. In

Umberto Ecos „Der Name der Rose" wird wegen eines Buches über das Lachen gemordet und letztendlich eine ganze Abtei samt Bibliothek angezündet. Der blinde Bibliothekar sagt, warum: Lachen würde die Furcht töten. Und ohne Furcht gebe es keinen Glauben. Wer den Teufel nicht mehr fürchte, brauche keinen Gott mehr. Dann könne man gleich über Gott lachen. Ein Teufelskreis, oder?

Wenn Gott keinen Humor hat, dann möchte ich nicht in den Himmel kommen.
MARTIN LUTHER

*Was war Jesus von Beruf? Student.
Er wohnte mit 30 Jahren noch bei den
Eltern, hatte lange Haare, und wenn er
etwas tat, dann war es ein Wunder.*

—

*Ein Mann kommt zum Himmelstor –
und der Zugang wird ihm verweigert.
Empört ruft er: „Ich habe jede Menge
Kirchensteuer bezahlt und regelmäßig
gespendet, ich hab jetzt wohl das
Recht, hier reinzukommen!"
Petrus ruft nach hinten: „Gebt dem
Mann sein Geld zurück und dann kann
er gehen!"*

*Ein orthodoxer Rabbi gelangt nach seinem Ableben in den Himmel.
Dort weint und klagt er.
Gott fragt ihn:
„Warum weinst und klagst du, Rabbi, wo du doch im Himmel bist?"
Der Rabbi erwidert:
„Herr, ich weiß, aber was soll ich sagen, mein einziger Sohn ist Christ geworden."
Darauf Gott nach kurzem Schweigen:
„Mach dir nichts draus. Meiner auch."
Fragt ihn der Rabbi:
„Und was hast du dann gemacht?"
Gott: „Ein neues Testament."*

Heiliger Vater!

Prospero Lambertini wurde 1740 zum Papst gewählt und nannte sich Benedikt XIV. Er galt als volkstümlich und schien ein Freund geistreicher Bemerkungen gewesen zu sein. Als er einmal eine Liste mit Vorschlägen für Heiligsprechungen las, entdeckte er mehrere Namen, die er gut kannte. Benedikt soll daraufhin mehrmals gelacht und gesagt haben: „Ich weiß zwar nicht, wie Heiligsprechung auf die Gläubigen wirkt, mich lassen diese neuen Heiligen jedenfalls stark an den alten zweifeln."

Nachdem Gott die Welt erschaffen hatte, schuf er Mann und Frau. Um das Ganze vor dem Untergang zu bewahren, erfand er den Humor.
GUILLERMO MORDILLO

Humor und Geduld sind die Kamele, mit denen wir durch jede Wüste kommen.
PHIL BOSMANS

Hat ein Gott die Welt geschaffen, so schuf er den Menschen zum Affen Gottes, als fortwährenden Anlaß zur Erheiterung in seinen allzu langen Ewigkeiten.
FRIEDRICH NIETZSCHE

Gott lacht mit den Geschöpfen,
nicht über seine Geschöpfe.
AUS DEM TALMUD

Einmal gut gelacht ist Gott wohlgefälliger als zehnmal schlecht geweint.
SPRICHWORT

Gott ist ein Komödiant, der vor einem Publikum spielt, das zu ängstlich zum Lachen ist.
VOLTAIRE

In der weihnachtlich geschmückten Kirche steht auf dem Altar eine Krippe mit Maria, Joseph und dem Jesuskind. Als der Pfarrer eines Tages in die Kirche kommt, fehlt Joseph. Ein paar Tage später fehlt auch noch Maria, außerdem bemerkt er neben dem Jesuskind einen Brief, in dem steht: „Liebes Christkind! Wenn ich dieses Jahr nicht mein Fahrrad zu Weihnachten bekomme, siehst du Deine Eltern nie wieder!"

Kichernde Kommas und prustende Punkte

oder

Manch Schriftsteller Schrift hinstellt, worauf ein lautes Lachen gellt

Eine beliebte Form des geselligen Humors bei honorigen Tischgesellschaften, bei Familienfeiern, zur Auflockerung langweiliger Reden oder bei Treffen mit alten Freunden ist die Anekdote. Mit solch heiteren kurzen Geschichten werden erstaunliche, oft unfreiwillig komische, wahre oder erfundene Begebenheiten erzählt und Menschen, die man kennt, oder histo-

rische Berühmtheiten charakterisiert. Im Schmieden von Anekdoten haben sich bekannte und weniger bekannte Geistesgrößen mit mehr oder weniger Erfolg versucht. So manche der schönsten Anekdoten sind frei erfunder, ihre Urheber unbekannt oder sie werden gleich zwei Personen zugeschrieben. Das Wichtigste aber ist, dass sie die Menschen mit einer gekonnten Pointe zum Lachen oder Schmunzeln bringen, wie es viele Schriftsteller, Schauspieler, Kabarettisten und andere Künstler mit ihrem Werk versuchten und versuchen.

Erich Kästner positionierte den Humor als Regenschirm über einem klugen Kopf. Johann Wolfgang, die längerlebige Hälfte des Weimarer Klassiker-Duos, selbst nicht ganz humorlos, schrieb dem Humor verräterische Kräfte zu, denn durch nichts würden die Menschen mehr ihren Charakter beweisen als durch das, was sie lächerlich finden. Goethe entschied sich im Zweifel eigentlich immer für seriöses Auftreten. An allem ist zu zweifeln, schrieb ein anderer Klassiker und hob den Goetheschen Zwiespalt auf. Zwischen Würde und Humor bestünde kein Gegensatz, meinte Brecht, denn in den großen Zeiten erschallte vom Olymp herab Gelächter.

Humor als Kampffeld der Geistesriesen. Na, nehmen wir es mit demselben.

Der Genuß des Humors setzt
höchste geistige Freiheit voraus.
CHRISTIAN FRIEDRICH HEBBEL

Humor ist der Knopf, der verhindert, daß uns der Kragen platzt.
JOACHIM RINGELNATZ

Humor ist, was vielen gar nicht in den *Gra-n* paßt.
WERNER MITSCH

Wer Humor hat, der hat beinahe schon Genie. Wer nur Witz hat, der hat meistens nicht einmal den.
ARTHUR SCHNITZLER

Witz ohne Ernst ist nur ein
Niesen des Verstandes.
HEINRICH HEINE

Humor ist das Salz des Lebens,
und wer gut gesalzen ist, bleibt
länger frisch.
HELMUT FUCHS

Der Witz ist ein brillanter Emporkömmling von zweifelhafter
Abstammung.
MARIE VON EBNER-ESCHENBACH

Witz ist Unzucht wider die
Kausalität.
ALFRED POLGAR

Man nehme

Seit frühester Kindheit,
                wo man froh lacht,
verfolgt mich dieser Ausspruch
                      magisch:
Man nehme ernst nur das,
                was froh macht,
das Ernste aber niemals tragisch!

Heinz Erhardt

Die Welt verachten – das ist sehr
leicht und meist nur ein Zeichen
schlechter Verdauung. Aber die Welt
verstehen, sie lieben und dann, aber
erst dann, freundlich lächeln, wenn
alles vorbei ist – das ist Humor.
KURT TUCHOLSKY

Humor kann nur dort existieren,
wo die Menschen noch eine Grenze
zwischen Wichtig und Unwichtig
ziehen können. Und diese Grenze ist
heute unkenntlich geworden.
MILAN KUNDERA

Humor sollte so trocken sein,
daß kein Auge trocken bleibt.
WERNER HINZ

Humor ist Erkenntnis der Grenze, verbunden mit grenzenloser Erkenntnis.
GERHART HAUPTMANN

Den Witz eines Witzigen erzählen heißt bloß: einen Pfeil aufheben. Wie er abgeschossen wurde, sagt das Zitat nicht.
KARL KRAUS

Verstand und Genie rufen Achtung und Hochschätzung hervor;
Witz und Humor erwecken Liebe und Zuneigung.
DAVID HUME

Wie man's nimmt

Am Stachus in München sprach ein Fremder den Schauspieler Karl Valentin an: „Sie, wie weit ist es denn von hier bis zum Hauptbahnhof?" Valentin meinte: „Wenn Sie so weitergehen wie bisher, sind es noch 40000 Kilometer. Wenn Sie aber umdrehen, bloß fünf Minuten."

Humor ist der Schwimmgürtel auf dem Strom des Lebens.
Wilhelm Raabe

Witz ohne Wissen ist ein Rahm, der über Nacht nach oben steigt und sich von geschickter Hand leicht zu Schaum schlagen läßt. Wenn er aber einmal abgeschäumt ist, dann taugt der Rückstand nur mehr als Schweinefutter.
Jonathan Swift

Nur wenige Menschen werden humorvoll geboren. Die meisten leben von der Heiterkeit anderer.
Luc de Clapiers

Generalpause

Der irische Schriftsteller, Pazifist und Musikkritiker George Bernard Shaw saß in einem Londoner Restaurant. Die Musiker der hauseigenen Kapelle spielten selbstverliebt und mit wachsender Lautstärke. Shaw winkte einen Kellner heran und fragte, ob die Kapelle auch etwas auf Wunsch spiele. „Selbstverständlich", sagte der Kellner, „was sollen die Musiker denn spielen?" „Karten oder Domino", sagte Shaw, „ich möchte in Ruhe essen."

Witz ist eine Explosion von
gebundenem Geist.
FRIEDRICH VON SCHLEGEL

In einem Land leben, wo es keinen
Humor gibt, ist unerträglich, aber
noch unerträglicher ist es in einem
Land, wo man Humor braucht.
BERTOLT BRECHT

Der Humor ist eins der Elemente
des Genies.
GOETHE

Ein Mensch ohne Humor ist
überhaupt kein Mensch.
BERTOLT BRECHT

So, so – Legastheniker willst du mal werden?!

Humor ist nicht erlernbar. Neben Geist und Witz setzt er vor allem ein großes Maß an Herzensgüte voraus. Von Geduld, Nachsicht und Menschenliebe. Deshalb ist er so selten.
CURT GOETZ

So wie ein funkelnder Geist die edelste und nützlichste Gabe des Menschen ist, so ist der Humor die angenehmste.
JONATHAN SWIFT

Im Übrigen ist Humor eben Humor und hat jederzeit seinen eigenen Sinn und Ernst für sich.
CHRISTIAN MORGENSTERN

Der Untote

Als sich Mark Twain auf einer Vortragstournee durch Europa befand, verbreitete sich das Gerücht, er sei plötzlich gestorben. Mark Twain kabelte daraufhin die folgende Richtigstellung nach Amerika: „Nachricht von meinem Tode stark übertrieben."

Wohin du schaust und greifst,
liegt Stoff für tausend Possen.
MOLIÈRE

Ohne ein gewisses Quantum
von Mumpitz geht es nicht.
THEODOR FONTANE

Humor ist eines der besten Kleidungsstücke, die man in Gesellschaft tragen kann.
WILLIAM MAKEPEACE THACKERAY

Der Galgenhumor ist ein Spaß für den Ernstfall.
WERNER MITSCH

Wo der Spaß aufhört, beginnt der Humor.
WERNER FINCK

Die Phantasie tröstet die Menschen über das hinweg, was sie nicht sein können, und der Humor über das, was sie tatsächlich sind.
ALBERT CAMUS

Extempore

Wo man hobelt, kräht kein Hahn,
grober Klotz ist halb gewonnen.
Was sich neckt, ist alt getan,
wie gebettet, so zerronnen.

Blindes Huhn sieht mehr als zwei,
steter Tropfen kommt von oben,
Aug um Aug verdirbt den Brei,
Ende gut ist aufgeschoben.

Gottes Mühlen beißen nicht,
keine Rose hat zwei Seiten,
wenn sie auch die Wahrheit spricht.
Guter Rat krümmt sich beizeiten.

Frisch gewagt, fällt selbst hinein,
unrecht Gut will Weile haben.
Morgenstunde höhlt den Stein,
wer zuletzt lacht, liegt begraben.

Hansgeorg Stengel

Der Philosoph lacht doch
oder
Ist der ernste Philosoph zum Lachen einfach bloß zu doof?

Die Philosophen haben die Welt und das menschliche Schicksal bis ins Detail interpretiert, es kommt aber darauf an, sie zu verlachen. Das fiel offensichtlich den Weisen und Gelehrten ziemlich schwer. Denn ohne Tiefsinn und wissentlich schief im sprachlichen Bild frei heraus gesagt: Am Humor kann sich der Denker die Zähne ausbeißen. Aber welcher Philosoph denkt schon mit Hilfe der Zähne?

Der griechische Naturphilosoph Demokrit, den schon seine Zeitgenossen den „lachenden Philosophen" nannten, scheint eine Ausnahme in Sachen Humor gewesen zu sein. Er unterstützte eine Philosophie der inneren Gelassenheit, geprägt von Ruhe und heiterem Gleichmut. Für ihn war „das Privileg der Götter wie der Menschen das Lachen".

Trotzdem sollen auch einige der übrigen, die darüber nachdachten und -denken, was die Welt in ihrem Innersten zusammenhält, in diesem Buch nicht fehlen. Immerhin haben sich diese „mentalen Stubentiger" und Intelligenzbestien der Frage „Wieso lacht der Mensch?" gestellt. Mancher setzte zum großen Sprung an (oder war's der große Wurf?), und wurde zur Lachnummer. Er fand sich lachend auf dem Boden der Tatsachen wieder – als Bettvorleger beim nächsten nachdenklichen Vordenker. Wie heißt es so treffend: Lachen, lachen, nochmals lachen.

Der Humor, als das umgekehrt
Erhabene, vernichtet nicht das
Einzelne, sondern das Endliche
durch den Kontrast mit der Idee.
JEAN PAUL

Der Witz macht immer nur
einzelne Witze; der Humor ist
eine Weltanschauung, ein Geist.
FRIEDRICH THEODOR VISCHER

Albernheit verlacht man bekanntlich,
und in großer Dreistigkeit steckt
stets ein Zusatz von Albernheit.
FRANCIS BACON

Je freudiger und sicherer der Geist wird, umso mehr verlernt der Mensch das laute Gelächter; dagegen quillt ihm ein geistiges Lächeln fortwährend auf, ein Zeichen des Verwunderns über die zahllosen versteckten Annehmlichkeiten des guten Daseins.
FRIEDRICH NIETZSCHE

Das Lachen spart das Hohe nicht nur nicht aus – es richtet sich sogar vornehmlich auf dieses Hohe.
MICHAIL BACHTIN

Heiter machen heißt: Von Natur aus ist Arzt, wer andere erheitern kann.
DEMOKRIT

Nur nebenbei sei angemerkt, daß es fürs Denken gar keinen besseren Start gibt als das Lachen. Und insbesondere bietet die Erschütterung des Zwerchfells dem Gedanken gewöhnlich bessere Chancen dar als die der Seele.
WALTER BENJAMIN

Der Verständige findet fast alles lächerlich, der Vernünftige fast nichts.
JOHANN WOLFGANG VON GOETHE

Ernsthaftigkeit ist die Zuflucht derer, die nichts zu sagen haben.
OSCAR WILDE

Der Esel

Einer der Gegner des Philosophen Georg W. F. Hegel (1770-1831) behauptete, die Philosophie brauche die Dialektik nicht, da die Logik mit ihren einfachen Schlüssen vollkommen genüge, um das Wesen der Dinge zu erkennen. „Ach", konterte Hegel, „schlußfolgern Sie etwa aus dem Umstand, daß ein Esel und Sie Ohren haben, ein Esel zu sein?"

Das Komische ist in jedem Lebensstadium zur Stelle, denn überall, wo Leben ist, ist Widerspruch, und wo Widerspruch ist, ist das Komische zur Stelle.
SÖREN AABYE KIERKEGAARD

Damit Komik und Witz wirkliche Tiefe bekommen, muß der Humor auf die Probe gestellt sein. Dann erst gewinnt Lachen Größe, wenn ihm Jubel beigemischt ist, der Siegesjubel über bezwungenen Schmerz.
HELMUTH PLESSNER

Zum Lachen braucht es immer ein wenig Geist; das Tier lacht nicht.
GOTTFRIED KELLER

Ein Philosoph und ein Pfarrer streiten sich darum, welcher der beiden von ihnen vertretenen Disziplinen der höhere Rang zukomme. Der Pfarrer sagt: „Philosophie ist, als ob jemand in einem dunklen Raum mit verbundenen Augen eine schwarze Katze sucht, die es gar nicht gibt." Darauf antwortet der Philosoph: „Theologie ist, als ob jemand in einem dunklen Raum ebenfalls mit verbundenen Augen eine schwarze Katze sucht, die gar nicht da ist, und plötzlich ruft: Ich hab sie!..."

Weil die Gegenwart allein die real erfüllte Zeit ist und unser ganzes wirkliches Dasein in ihr konzentriert und auf sie beschränkt ist, so sollte man sie stets einer heiteren Aufnahme würdigen, jede erträgliche und von unmittelbaren Schmerzen freie Gegenwart mit Bewußtsein als solche genießen, das heißt sie nicht zu trüben durch verdrießliche Gesichter über verfehlte Hoffnungen der Vergangenheit oder die Sorgen der Zukunft.

ARTHUR SCHOPENHAUER

Lachen – Fortsetzung des Denkens mit anderen Mitteln.

HANS-HORST SKUPY

Sisyphos in ebener Landschaft,
einer Frau Kunststücke zeigend

Böse Vermutung

Der Philosoph Immanuel Kant (1724-1804) war als Brautführer bei der Hochzeit eines an Jahren sehr ungleichen Paares geladen – die Braut zählte zarte 21 Jahre, der Bräutigam stolze 74. Eine Dame aus der Hochzeitsgesellschaft fragte den Philosophen bei Tisch: „Herr Professor, sollten wohl aus dieser Ehe noch Kinder zu hoffen sein?" Kant entgegnete mit ernster Miene: „Zu hoffen nicht, aber zu fürchten."

Man denkt besser, wenn man gut gelacht hat. Das Lachen reinigt, entkrampft das Denken.
GARDI HUTTER

Fröhlichkeit ist ein Affekt, Heiterkeit jedoch eine geistige Haltung.
WILHELM SCHMID

Das Lachen ist ein Effekt aus der plötzlichen Verwandlung einer gespannten Erwartung in nichts.
IMMANUEL KANT

Mit Lach und Krach
oder
Mit Lachen zum Siege
ersparte uns Kriege

Früher ging man sich an die Gurgel, heute lacht man zusammen. Sogar, wenn man sich nicht leiden kann. Das hat Überlebensvorteile. Dies sagte Dr. Barbara Merziger, eine Lachforscherin. Und doch: Ist Lachen so ungefährlich? Lachen kann sehr wehtun. Lachen kann töten. Im besten, also im satirischen Falle tötet Lachen veraltetes Denken und das daraus resultierende Tun.

Aber zumeist ist Lachen ja doch das Pflaster auf die Wunde. Witze

KAMIKATZE

können auf Missstände jeder Art hinweisen, aber bisher ist noch kein einziger Politiker von einem Kabarett-Gag zu Fall gebracht worden.

Ein nicht unbekannter Vertreter der Satiriker-Gilde hat sogar einmal den Verdacht geäußert, dass jeder Witz über einen ernstzunehmenden Diktator dessen Herrschaftszeit verlängert, weil der Herrscher durch den Witz nicht ernst genug genommen würde. Vielleicht ist das ja auch eine Antwort auf die Frage, warum es Karneval gibt.

Quamquam ridentem dicere verum;
quid vertat …
Doch lächelnd die Wahrheit zu sagen, was hindert daran …
HORAZ

Mit Lachsalven erschießt man keinen Gegner. Aber man lähmt ihn.
MARTIN GERHARD REISENBERG

Ironie ist die Grobheit der Gebildeten.
ROBERT LEMBKE

Wer lacht, der distanziert sich.
JAMIRI, COMIC-KÜNSTLER

Die Macht, und zwar jede Macht, fürchtet nichts mehr als das Lachen, das Lächeln und den Spott. Sie sind Anzeichen für kritischen Sinn, Phantasie, Intelligenz und das Gegenteil von Fanatismus.
DARIO FO

Der Mutige

Werner Finck fragte während seines Programms im Berliner „Kabarett der Komiker" die Gestapo-Beamten: „Kommen Sie mit? Oder muß ich mitkommen?"

Das Zwerchfell ist offenkundig der Sitz der Aufklärung, ein nicht beherrschbares, von keiner Herrschaft beeinflußbares Lachzentrum.
ALEXANDER KLUGE

Jeder Witz ist eine winzige Revolution.
GEORGE ORWELL

Der Scherz ist das Loch, aus dem die Wahrheit pfeift.
ASIATISCHES SPRICHWORT

Das Lachen muß gewissen Anforderungen des Gesellschaftslebens genügen. Das Lachen muß eine soziale Bedeutung haben.
HENRI BERGSON

Unterscheidet sich der Geschmack, was Scherze betrifft, so kann das eine Beziehung ungemein belasten.
GEORGE ELIOT

Nichts fürchtet der Unaufrichtige mehr als Scherz und Humor.
ANTHONY ASHLEY-COOPER

In einem DDR-Gefängnis sind die Häftlinge zum Appell angetreten. „Morgen kommt unser Parteichef Walter Ulbricht", verkündet der Aufseher. Ein Gefangener ruft: „Das wurde aber auch höchste Zeit."

Alle Heiterkeit der Welt rührt von ihrer Traurigkeit her.
ALFRED POLGAR

Lache nie über die Dummheit der anderen. Sie ist deine Chance.
WINSTON CHURCHILL

Alle Meister des Humors sind ernst und als Gegner der Gewalt meist pessimistisch, da ihr Lächeln ihre einzige Waffe ist und ihre Tat somit immer nur Abwehr sein kann.
EHM WELK

Beim Lachen entblößt man die Zähne, beim Lächeln die Seele und beim Grinsen den Charakter.
GERD W. HEYSE

Bundeskanzlerin Merkel besichtigt ein Krankenhaus, in dem auch Patienten mit Wahnvorstellungen behandelt werden. Einer raucht eine Zigarre, und der Chefarzt erklärt: „Dieser Patient zum Beispiel glaubt, er sei Winston Churchill."
Merkel schüttelt ihm die Hand und fragt: „Wissen Sie denn, wer ich bin?"
„Nein", sagt der Patient und zieht an seiner Zigarre.
„Ich bin die Bundeskanzlerin."
Da klopft ihr der Patient herzlich auf die Schulter und sagt: „So hat es bei mir auch angefangen!"

Lachen bricht alle Widerstände.
MARK TWAIN

Ich glaube an die Kraft des Lachens
und des Weinens als Gegengift
gegen Haß und Terror.
CHARLES CHAPLIN

Ich halte das Lachen für eine der
ernsthaftesten Angelegenheiten.
WILHELM RAABE

Die Wahrheit zu erzählen, das ist
der größte Witz der Welt.
GEORGE BERNHARD SHAW

> *Walter Ulbricht fragt Willy Brandt, ob er ein Hobby habe. „Natürlich", sagt dieser, „ich sammle Witze, die die Leute über mich erzählen. Und Sie?" Ulbricht: „Bei mir ist es umgekehrt. Ich sammle Leute, die Witze über mich erzählen."*

Humor hat nichts mit Leichtigkeit zu tun. Viele Härten des Lebens lassen sich überhaupt erst aushalten, wenn sie sich die Komik nicht verbieten.

CORDULA STRATMANN

Wer immerzu lacht, ist ein Dummkopf, wer aber niemals lacht, ein Unglücklicher.
RUSSISCHES SPRICHWORT

Im heutigen Lachen gibt es kaum etwas Tragisches, und dadurch auch keine Anarchie. Übrig geblieben ist die Fratze der Comedians.
HANS-ECKARDT WENZEL

Der ernste Mensch ist es, der im Leben triumphiert; aber der nicht ernste Mensch ist es, der über das Leben triumphiert.
ARMANDO PALACIO VALDÉS

Sollte es Menschen geben, an denen das Lächerliche niemals hervorgetreten ist, so hat man nicht genug nachgeforscht.
FRANÇOIS DE LA ROCHEFOUCAULD

Wirklich tragisch wird es erst, wenn die Menschen aufhören zu lachen.
MORTEN GRUNWALD

Die Wahrheit gewinnt durch die Untersuchung, durch den Zweifel und selbst durch den Scherz.
CHRISTOPH MARTIN WIELAND

Sigmund Jähn, DDR-Bürger und erster Deutscher im All, wird nach der Landung gemeinsam mit den sowjetischen Kosmonauten von Breschnew im Kreml empfangen. Heimlich fragt Breschnew: „Und, gibt es Gott? Habt ihr ihn gesehen?" Leise bejahen alle die Frage. Breschnew wird blass, bittet dann inständig um Schweigen und verspricht, jedem dafür ein erkleckliches Sümmchen auf ein geheimes Bankkonto einzuzahlen. Den nächsten Empfang gibt der Papst. Auch er fragt hinter vor-

gehaltener Hand: „Und, gibt es
Gott? Habt ihr ihn gesehen?"
Sigmund Jähn schaut seine Mit-
flieger an, dann schauen alle zum
Papst und schütteln die Köpfe.
Der Papst ist entsetzt, wird blass,
bittet inständig um Schweigen und
verspricht, jedem dafür ein noch
erklecklicheres Sümmchen auf ein
geheimes Bankkonto einzuzahlen.
In der DDR werden die Kosmonauten
von Erich Honecker empfangen.
Der fragt ganz laut: „Sigmund, gibt
es Gott? Hast du ihn gesehen?".
Jähn antwortet: „Ja!". Darauf Honecker: „Und, sieht er mir ähnlich?

Ein paar Lachtränen

oder

Doppelt gut der Tränenfluss, kommt zum Ernst auch etwas Stuss

Ein Publikum bis zu Lachtränen zu treiben – der Traum aller Komiker. Lachtränen – auch ein Beweis dafür, wie eng verbunden Komik und Tragik sind. Gute Komödien und gute Tragödien verursachen beim Publikum Tränenfluss.

Manchmal ist es mit dem Lachen aber zum Heulen. Es bleibt einem im Halse stecken. Der Mensch muss viel runterschlucken im Laufe des Lebens, manchmal eben auch einen Lacher. Selten, aber nicht vereinzelt, sitzen

WAAGEMUT

Leute im Kabarett und schauen erstaunten Gesichts auf die anderen Zuschauer, die sich schier ausschütten wollen vor Lachen, wo es doch um ganz ernste Angelegenheiten geht.

Dieter Hildebrandt, der in seinem Leben schon viele bedrohliche Situationen erlebt hat, antwortete einmal auf die Frage, wie er damit umgegangen sei: Ich habe immer gelacht. Respekt!

Sprichwort

Wo zwei sich streiten,
freut sich der Dritte.
Doch kann so ein Sprichwort auch
Ärger bereiten,
stehst du in der Mitte,
wenn zwei sich streiten.

Ulf Annel

Lache, wenn's nicht zum Weinen reicht.
HERBERT GRÖNEMEYER

Das Weinen ist dem Menschen angeboren, aber das Lachen will gelernt sein.
MAX PALLENBERG

Nur Leute, die lange nicht gelacht haben, wissen, daß Lachen noch besser ist, als eine Frau zu besitzen.
ALAI

Menschen sind wie Schallplatten – nur gut aufgelegt kommen sie über die Runden.
URSULA HERKING

An das Baby

Alle stehn um dich herum:
Fotograf und Mutti
und ein Kasten, schwarz und stumm,
Felix, Tante Putti ...
Sie wackeln mit dem Schlüsselbund,
fröhlich quietscht ein Gummihund.
»Baby, lach mal!« ruft Mama.
»Guck«, ruft Tante, »eiala!«
Aber du, mein kleiner Mann,
siehst dir die Gesellschaft an ...
Na, und dann – was meinste?
Weinste.

Später stehn um dich herum
Vaterland und Fahnen;
Kirche, Ministerium,

Welsche und Germanen.
Jeder stiert nur unverwandt
auf das eigne kleine Land.
Jeder kräht auf seinem Mist,
weiß genau, was Wahrheit ist.
Aber du, mein guter Mann,
siehst dir die Gesellschaft an ...
Na, und dann – was machste?
Lachste.

Kurt Tucholsky

Man sollte schon deshalb kein langes Gesicht machen, weil man dann mehr zu rasieren hat.
FERNANDEL

Lach über die Dinge, dann hältst du sie aus.
GERDA BALDER

In seinem Lachen liegt der Schlüssel, mit dem wir den ganzen Menschen entziffern.
THOMAS CARLYLE

Je mehr der Mensch des ganzen Ernstes fähig ist, desto herzlicher kann er lachen.
ARTHUR SCHOPENHAUER

Wer schaffen will, muß fröhlich sein.
THEODOR FONTANE

Das Lächeln ist das Kleingeld des Glücks.
HEINZ RÜHMANN

Denn ein Herz voll Freude sieht alles fröhlich an, ein Herz voll Trübsal alles trübe.
MARTIN LUTHER

Fröhliche Menschen sind nicht bloß glückliche, sondern in der Regel auch gute Menschen.
KARL JULIUS WEBER

Das Glück kommt zu denen,
die lachen.
JAPANISCHES SPRICHWORT

Jedes Lachen vermehrt das Glück
auf Erden.
JONATHAN SWIFT

Die schwierigste Turnübung ist
immer noch, sich selbst auf den
Arm zu nehmen.
WERNER FINCK

Wohl dem, welcher ist vergnüget,
weil sich sein Verhängnis füget!
PAUL FLEMING

Letzte Worte
oder
Die lachend aus dem Leben scheiden, sind fürwahr stark zu beneiden

Wer zuletzt lacht, lacht am besten.
SPRICHWORT

Wer mit Humor zu sterben verstünde, hätte die höchste Stufe der Kultur erreicht.
CURT GOETZ

Man muß lachen, auch ehe man glücklich ist, sonst stirbt man, ohne gelacht zu haben.
JEAN DE LA BRUYÉRE

„Herr Rechtsanwalt, mein letzter
Wille sei, dass ein ganzes Orchester
an meinem Grab spielen soll."
„Aber selbstverständlich. Und was
möchten Sie hören?"

Es klingelt an der Tür.
Herr Meier öffnet.
Draußen steht der Tod.
„Hilde", ruft Herr Meier,
„Besuch für dich."

Der Ehemann liegt im Sterben, seine Frau hält ihm die Hand. Sie fragt ihn – hoffend, er sagt ihr jetzt die Wahrheit: „Hast Du jemals eine andere Frau so geliebt wie mich?" „Nein", erwidert der Sterbende, „niemals! Und wenn ich lügen sollte, so soll ich mich für jede Frau, mit der ich Dich betrogen habe, einmal im Grabe umdrehen."

Vier Wochen später stirbt auch die Ehefrau und steht voller Vorfreude auf das Wiedersehen mit ihrem Mann vor der Himmelspforte. Als Gott ihr öffnet, fragt sie: „Wo ist denn mein Mann? „Ach der", winkt Gott ab, „den haben wir nach oben gehängt – als Ventilator."

Unangenehme Verwechslung

Die Oma Schmitz, „Am Marktplatz 7",
musste jetzt leider ihren Gatten,
– der hatte zuviel Sport getrieben –,
ganz unerwartet schon bestatten.

Doch auch „Am Marktplatz 4" die Leute,
die hießen Schmitz – noch jung an
Jahren.
Da war der Ehemann grad heute
zum Ferienhäuschen vorgefahren.

Die hatten eines auf Sizilien,
und er fuhr immer mit dem Wagen,
um Hausrat und auch Utensilien,
die dort noch fehlten, hinzutragen.

Er hat dann schon zwei Tage später
der Frau ein Telegramm geschrieben.
Doch trug das ein Verwechslungs-Täter
zur Witwe Schmitz, „Am Marktplatz 7".

Die las es und ist viele Stunden vor
Schreck dann ohnmächtig gewesen.
Die Nachbarin hat sie gefunden
und hat das Telegramm gelesen:

„Mein Schatz, ich bin jetzt angekommen
und melde mich auf diese Weise.
Ich bin noch immer ganz benommen
von dieser mühevollen Reise.

Ich weiß, das kommt jetzt etwas plötzlich,
doch musst du hier für Hilfe sorgen.
So ohne dich, das ist entsetzlich.
Komm ganz schnell nach,
– wenn's geht, schon morgen.

Allein fühl' ich mich ganz verloren!
– Und noch was: Eins ist unerläßlich.
Hol' bitte noch Ventilatoren.
Die Hitze ist hier unten grässlich!"

Autor: unbekannt

Literatur (Auszug)

Heinz Erhardt, Man nehme/Zu spät: Das große Heinz Erhardt Buch", © Lappan Verlag, Oldenburg 2009

Hans-Joachim Preil, Patienten-Merkblatt: mit freundlicher Genehmigung des Gebr. Mai Verlags, Berlin

Eugen Roth, Auszug aus dem Vorwort „Der Wunderdoktor. Heitere Verse", © Carl Hanser Verlag, München 2001

Eugen Roth, Ein Mensch, „Das Schönste von Eugen Roth", Sanssouci im Carl Hanser Verlag, München 2010

Hansgeorg Stengel, Extempore, aus: ders., „Dicht an dicht: sämtliche Gedichte" © Eulenspiegel Verlag, Berlin 2002

Aus dem lieferbaren Mini-Angebot

KOCHBÜCHLEIN

Alles gewickelt & gerollt • Alles vom Ei
Apfelbüchlein • Aronia
Backen & Naschen • Beerenbüchlein
Berlin & Mark Brandenburg kulinarisch
Bierbüchlein • Blüten für Genießer
Brot backen • Champignon & Co. • Drinks
Essbares von Bäumen & Sträuchern
Essen von der Wiese
Essen wie im Mittelalter
Fingerfood • Gemüseraritäten
Holunderrezepte • Honig • Ingwer
Kaffeevergnügen • Kleines Fisch-Kochbuch
Kochbüchlein Schweiz
Lauter scharfe Sachen
Marmelade & Gelee
Mecklenburg-Vorpommern kulinarisch
Milch-Büchlein • Multitalent Zwiebel
Obstexoten
Sachsen kulinarisch (auch engl.)
Sachsen-Anhalt kulinarisch
Sanddorn-Rezepte • Schokoladenbüchlein
Sektbüchlein • Senfbüchlein

Süße Verführung • Süßes im Advent
Teegenuss • Thüringen kulinarisch
Tomatenbüchlein • Vegane Küche
Weihnachten. Bräuche & Rezepte

NATURBÜCHLEIN
Heilkräuterbüchlein
Hildegard von Bingen
Mythos Ginkgo (auch in engl.)
Kleine Kräuterapotheke • Kleine Pilzkunde
Meerschweinchen-Büchlein
Neues Katzenbüchlein • Wildobst

LITERARISCHES
Das kleine Bach-Büchlein (auch engl.)
Wilhelm Busch • Fange jetzt zu leben an
Frauen & Männer • Frauen-Weisheit
Goethe-Zitate • Gute-Laune-Büchlein
Ich hab dich so lieb
Liebe Mama... • Liebe Oma...
Lieber Opa... • Lieber Papa...
Lotter-Wirtschaft • Rosa Luxemburg
Märchenkönig Ludwig II. (auch engl.)
Karl May
Wolfgang Amadeus Mozart (auch engl.)
Musenkuss – Richard Wagner

Nietzsche-Zitate
Philosophinnen-Sprüche
Rainer Maria Rilke • Schiller-Zitate
Clara & Robert Schumann
Theodor Storm • Weisheiten der Welt
Heinrich Zille

STADT UND LAND
Auf der Saale-Unstrut-Weinstraße
Auf der Sächsischen Burgen- und
Schlösserstraße
Auf der Sächsischen Weinstraße
Berlin für die Westentasche (auch engl.)
Burgen und Schlösser im Erzgebirge
Chemnitz für die Westentasche
Dresden für die Westentasche (auch engl.)
Erfurt für die Westentasche
Görlitz für die Westentasche
Halle für die Westentasche • Herrnhut
Im Spreewald unterwegs
Leipzig für die Westentasche (auch engl.)
Magdeburg für die Westentasche
Markkleeberg für die Westentasche
München für die Westentasche
Musikalischer Stadtrundgang durch Leipzig

Naumburg
Parks & Gärten in Sachsen-Anhalt
Potsdam für die Westentasche
Schwerin für die Westentasche
Weimar für die Westentasche

DER BESONDERE BAND
Erzgebirgisches Weihnachtsbüchlein
Gut beraten, froh gestimmt.
Heiter bis wolkig. Vom Wetter
Med in Dschörmenie. Gutes Deutsch
Kösener Spielzeug
Schnell wieder schön
Wahrsagen à la Lenormand

BuchVerlag für die Frau
Gerichtsweg 28 • 04103 Leipzig
www.buchverlag-fuer-die-frau.de